AF287486

Georg Gumpp

Einkehr ins Ich

Bibliographische Informationen der Deutschen
Nationalbibliothek:
Die Deutsche Nationalbibliothek verzeichnet diese
Publikation in der Deutschen Nationalbibliographie;
detaillierte bibliographische Daten sind im Internet
unter http://dnb.dnb.de abrufbar.

© 2017 Georg Gumpp
Herstellung und Verlag
BoD – Books on Demand, Norderstedt

ISBN 978-3-8482-2774-7

Einkehr ins Ich

Vergänglichkeit

Schutzengel

Ungemach

Einkehr ins Ich

Hinter der Maske

Momentaufnahmen

Verschiedenes

Vase   *Georg Gumpp*

Vergänglichkeit

Alter Mann

Es ist wie immer an jenen Nachmittagen,
Die Schwester hat ihn fein gemacht.
Er freut sich schon, von Hoffnung ganz getragen,
doch keiner hat an ihn gedacht.

Sonntags nach dem Glockenläuten
Treffen ein am freien Tage
Manch Kinder, Enkel und auch deren Bräute,
Nur er bleibt einsam – ohne Klage.

Manchmal fühlt er - leidet stumm,
Die Starren Augen können nicht mehr weinen.
Er bleibt wieder mal allein,
Alle waren sie gekommen – nur nicht die Seinen.

Seine Frau, sie ist schon lang gegangen,
die Kinder in geglückten Ehen.
Am Leben hängt nur sein Verlangen,
Die Kinder, Enkel noch zu sehen.

Kamen anfangs noch die Karten,
Telefonate von ganz weit:
Lieber Papa, musst noch warten
Haben heute keine Zeit,

Die Schwester spricht mit ihm noch lange,
wählt Worte aus zu seinem Trost,
streichelt zärtlich seine Wange,
Sie ihm noch seine Stirn liebkost

Der Tag neigt sich dem Abend zu,
Er hört die ersten Abschiedsworte.
Bei Zeit begibt er sich zur Ruh,
vernimmt ein letztes Klicken an der Pforte.

Bald werden Glocken wieder klingen
Und seine Hoffnung wächst erneut.
Sicher wird es heut gelingen,
Sie werden kommen – zu seiner Freud.

Elternhaus

So viele Jahre sind seither vergangen,
Wie habe ich an Dir gehangen,
Geliebtes trautes Elternhaus.
Hier fühlte ich mich geborgen,
Kannte damals keine Sorgen,
Wusste immer ein und aus.

Dem Paradiese gleich, so war die Welt.
Was die Eltern sagten, ja das zählt,
Und hat mein Denken stets umfasst.
Durch Berg und Tal das Leben wandert
Der Strom der Zeit – auch er mäandert,
Die Erinnerung nun bald verblasst.

Doch kommen die Gedanken wieder,
Beug ich mich jetzt auf Euch hernieder,
Meine kleine Tochter, mein kleiner Sohn.
Und seh' den Glanz in Euren Augen,
Sie schenken mir ein Gottvertrauen,
Für Euch da zu sein, das ist mein Lohn.

Dem will ich würdig mich erweisen,
Bevor auch Ihr geht auf Eure Reisen
Geb' ich von meinem Bestem Euch ein Stück.
Für Euch hab ich mich gern gestreckt,
war sicherlich oft nicht perfekt,
Doch vielleicht blickt ihr dereinst wie ich zurück.

Loslassen

Bist mir abhandengekommen,
Durch meine Hände geglitten,
Hatte so gern Deine Stimme vernommen,
Hab an Deinem Abschied gelitten.

Aus der Ferne da weht noch Dein Geist,
Lässt mein Herz noch immer erbeben.
Erscheinst in schönsten Träumen mir meist,
Darf Deine Nähe nur noch selten erleben.

Vergänglichkeit

Vergangenes – wie weit warst du schon entfernt,
Vergessen, verleugnet, Lichtjahre getrennt
Alles ging so glatt und eben den Gang,
Da wurd' ich zur Beute, dem Schicksal zum Fang.

Ein Ruf junger Jahre brachte mich noch einmal empor
Noch einmal einem Mädchen meine Liebe ich schwor
Im Rausch der Gefühle war ich nicht mehr soweit,
Zu erkennen, sie ist vorbei meine Zeit.

Das Messer im Herzen, den tödlichen Stich,
in all meiner Trauer, ja so fühlte ich mich,
gönn ich doch der schönen so jungen Madam
den liebenden , um sie werbenden Mann.

Und weil ich sie liebe, freut es mich sehr,
Sie so glücklich zu sehen, was wollte ich mehr.
Ich könnt's ihr nicht bieten, war Welten entfernt,
Doch das Feuer für sie in mir immer noch brennt.

Am Abend des Lebens

Schon manchen Gipfel kühn erklommen,
Manch Tal durchquert mit weitem Schritt.
Vergangenes bereits verschwommen,
Was geschehen war – erlischt.

Des Lebens Spiel, immenses Treiben
Und ewig währt die Wiederkehr.
Wenn Menschen an sich ständig reiben
Und sich setzen stets zur Wehr.

Dein Blick geschärft in all den Jahren,
So viel im Leben Dir gewiss.
All dies, was Dir ward widerfahren,
Wurd' zum Bündnis, wurd' zum Riss

Gelassen weilst Du noch auf Erden,
Die Endlichkeit Dir wohl bewusst.
Hast erreicht was wolltest werden,
Und vieles doch noch gern gewusst.

So hoffst Du jetzt zur Abendsonne,
Dass noch viele Monde untergehn.
Und erfreust Dich voller Wonne,
Deine Kinder reifen sehn.

Liebe   _Georg Gumpp_

Schutzengel

Blatt im Wind

Getragen vom Winde, es fühlt dich so frei,
Entfernt sich vom Stamm, ihm ist's einerlei.
Kein Trennungsschmerz brennt jemals in ihm,
Flattert losgelöst und ziellos dahin.

Ward beschützt, behütet und niemals allein,
Jetzt führt sein Weg ins Ungewisse hinein.
Gönnt sich keine Ruhe, es kennst keine Rast
Seit es gegangen von Baumes Ast.

Doch gleich diesem Blatte soll's Dir nie ergeh'n.
Wo immer Du bist, will ich Dich wiedersehen.
Wie das Blatt so steht auch Dein Leben im Wind,
Doch kannst zu mir immer zurück mein lieb' Kind.

Nie verloren, nie vergessen, nie vom Winde verweht
Die Zeiten vergehen, doch die Sehnsucht, sie lebt.
Deine Stimme zu hören, wenn sie schallt durch den Raum,
bist Du wieder da, dann erfüllt sich ein Traum.

Gefühle

Ein göttliches Licht erstrahlte an jenen Tagen,
Ein neuer Mensch ist auf Erden mit all seinen Fragen.
Glückliche Zeiten, sie leuchteten hell.
All die Jahre sie vergingen so schnell.

Doch die schönen Gefühle, die damals entstanden,
Kamen in all dieser Zeit niemals mehr abhanden.
Das neue Leben, es weilt jetzt schon lang,
Und immer noch ist mir um Dich so bang.

Das eigene Kind lässt das Herz niemals ruh'n,
Immer gibt es für sie oder ihn was zu tun.
Beim Teilen der Freude, im Beistand bei Leid,
Will ich Dir nah sein, wie ein wärmendes Kleid.

Der Nikolaus

Ein freudiges Lachen man hört durch die Straßen,
Erfüllt all die Gänge und tönt durch die Gassen.
Der Nikolaus kam, die Kinder haben sich beeilt,
An Ihnen wurden Geschenke verteilt.

Sie bekamen zu spielen und Plätzchen zum essen,
Nur eines nicht – man hat es vergessen.
Stumm und starr stand es da
Und war den Tränen so nah.

Da dreht er sich um, der Mann in Rot
Und sah das Kind in seiner Not.
Er ging auf ihn zu, zum traurigen Kind
Und er handelte blitzschnell und geschwind.

Du bist nicht vergessen, schau was ich habe
Für Dich eine ganz besondere Gabe
Was er sich sehnlichst wünschte, das kam nun hervor
Ihm – der seine Familie verlor.

Aus der Gasse da traten ins Licht,
Der Junge traute seinen Augen nicht.
Vor ihm standen sie alle, der Vater, die Mutter,
Die Schwester und auch der Bruder.

Durch Flucht und Vertreibung so lange getrennt,
Fern der Heimat, die immer noch brennt.
Sie sind nun alle wieder vereint,
Nicht nur das Kind vor Freude jetzt weint.

Erzengel

„Wer ist wie Gott" wirst Du gerufen,
Vertriebst Luzifer von Gottes Stufen.
Stehst für Recht und Gerechtigkeit,
Spendest Kraft, Schutz und Geborgenheit.
Mächtigster Engel mit dem Flammenschwert,
Als Schutzengel der Deutschen wird Michael verehrt.

„Gott ist Kraft" wirst Du genannt,
Als Hoffnung gebend bist Du bekannt.
Verheißungen, das ist Dein Feld,
Erklärst Visionen Du der Welt.
Die Hirten sind zur Krippe geeilt,
Gabriel hat Jesus Geburt mitgeteilt.

„Gott heilt" so Dein Name, Du Regent der Sonne,
Verwandelst Mutlosigkeit alsbald in Wonne.
Heilst in allen Bereichen, erneuerst was alt,
Schaffst Wissen und transformierst was gestern noch galt.
Begibst Dich auf Reisen durch Täler, Berge und Wiesen
Als Patron der Pilger wird Raphael gepriesen.

„Feuer Gottes" oder „Gott ist mein Licht",
Uns Lebensfreude zu schenken ist Deine Absicht.
Erkennst die Kraft der Schöpfers und auch seinen Plan,
Setzt Visionen um mit Deinem Elan.
Mahnst uns an, auf unsere Körper zu hören
als Engel der Offenbarung ist Uriel zu ehren.

Schutzengel

Oftmals in schwierigen Momenten,
Lässt Dich von fremden Mächten lenken.
Bist nicht Du selbst in Deiner Not,
Läufst lieber vor Dir selber fort.

Kennst keine Rast, fühlst Dich getrieben,
Vergisst dabei Dich selbst zu lieben.
Siehst nicht Dein Licht, nur Deine Mängel,
Und nicht zur Seite Deinen Engel.

Auf seinen Schutz da kannst Du bauen,
Er stärkt in Dir Dein Selbstvertrauen.
Du wirst begleitet, wirst geführt,
Befreit, getröstet und geliebt.

Wirst Deine Prüfungen bestehen,
Er wird an Deiner Seite stehen.
Vertrau auf ihn und seinen Segen
Auf allen Deinen Lebenswegen.

Gelassenheit

Am Morgen des Lebens kann alles gescheh'n,
Ach wär ich doch älter, könnt von den Eltern schon gehen.
Denn das was ich will, trau ich mir schon zu,
Und bin ich dann 18, dann geben sie Ruh'.

Nach ersten Zielen , das Alter noch weit,
weiß ich was ich kann, bin dazu bereit.
Gründ' eine Familie, geh auf im Beruf,
Folge kraftvoll, unsterblich, den lautlosen Ruf.

Sind meine Ziele erreicht?, meine Gedanken nicht ruh'n,
Wie ist mein Leben, was kann ich noch tun?
Die kommenden Jahre, ich fühl erste Pein,
Werden weniger als die vergangen sein.

Am Abend des Lebens schau ich dann zurück,
Wie mein Leben verlief, richte ich meinen Blick.
Verzeih mir meine Fehler, bin dem Tod nicht mehr weit,
darum schenke mir Gott mehr Gelassenheit.

Zerrissenheit   *Georg Gumpp*

Ungemach

Heuchler (Hommage an Thomas Bernhard)

Ihr lacht über mich, hinter Masken versteckt,
Heuchelt Gefühle, wo keine sind.
Vor Sensationsgier sind Eure Hälse gestreckt,
Wendet Eure Meinung wie ein Fähnchen im Wind.

Ihr bietet den Armen an, sie zu schützen,
Wenn Ihr auch dabei ganz sicher seid,
Dass sie Euch werden irgendwann nützen.
Besäßen Sie mehr, wär't Ihr zerfressen vor Neid.

Wie bin ich geworden

Wie bin ich geworden, der ich nie war,
Was in mir gestorben, das lebte so klar.
Aus feinsten Gefühle, im Herzen so rein,
Wurd' Eiseskälte, ein Wesen aus Stein.

Durch die Zeiten getrieben,
Aus meinem Innern vertrieben,
Durch die Welten gehetzt,
Geschunden, verletzt.

Trotz Wut und Hass und Rachegedanken,
Beginnt in mir doch etwas zu wanken.
Und fühle ein ganz klein wenig in mir,
Kann ich nicht selbst auch ein wenig dafür?

Lass ich mich leiten von dunklen Phantasten,
Die wegen Nichts beinah schon ausrasten?
Mein vieles gar nicht so wie ich's sag,
Leg falsches Zeugnis von mir an den Tag.

Im Grunde würd ich gern' zu mir zurück,
Zu vergangenen Zeiten ist gerichtet mein Blick.
Ich hoffe, ich werde es mir selbst nicht verwehren,
Mein wahres Ich nach außen zu kehren.

Wut

Langsam steigt sie hoch,
Nichts hält ihn zurück.
Im Leibe es kocht,
Und starr wird der Blick.

Jetzt bricht sie sich Bahn,
Es schreit aus ihm raus.
Unkontrollierbare Wut,
Angsteinflößender Graus.

Wird schlimmes Geschehen?
Möge das Toben im Raum
Hoffentlich bald vergehen
Und sich halten im Zaum.

Meditation   *Georg Gumpp*

Einkehr ins Ich

Depression

Schwer wie Blei erscheinen alle Glieder,
Und einmal mehr und immer wieder
Versink ich einsam in mir selbst
Und weiß doch selbst nicht was mir fehlt.

Traurige Blicke von Schwermut getrübt,
Von schönen Dingen entwöhnt, gleichsam nie geübt.
Steigt der Druck, schnürt den Atem mir ab
Und zieht mich tief ins Dunkel hinab.

Siegt die Hoffnung oder übersteigt sie die Not,
Kraft neuen Lebens oder Gang in den Tod.
Welcher Weg wird mir nun gezeigt,
wenn die Waage sich endgültig neigt.

Allein

Wo er einst war ist nicht mehr sein Heim,
Wo er nun ist, ist nicht sein Daheim.
Wo wird er sein – Idylle ist Schein,
Im Grunde seines Herzens – für immer allein.

Im Innersten

Wie viele Stunden bei sternklarer Nacht
Habe ich stumm vor dem Fenster verbracht?
Was ist mir misslungen, was hab ich geschafft?
Wem hab ich Leid, wem die Freude gebracht?

Meine Gedanken sie kreisen unendlich umher,
Die Antwort zu finden, das fällt mir zu schwer.
Gab ich genug oder verlangte man mehr?
Wen hab ich verletzt, wen liebte ich sehr?

Ich weiß, meine Worte – oft nicht gut gewählt,
Wie ein Boxer bei Neun bereits angezählt.
Hoff ich doch, dass der, der einst von mir erzählt,
Mein Gutes erkennt, wenn meine Häute geschält.

Lebenslauf

Die Welt sie ist laut, immer schneller dreht sich das Rad.
Doch der Mensch schreitet fort und unermüdlich zur Tat.
Er fühlt sich gestresst und im Innern zerrissen,
Hat seine Zeit vergeudet, seine Kraft verschlissen.

Am Ende des Weges, die Zeit steht nun still.
Er fühlt sich alleine, weil keiner was will.
In all diesen Jahren hat er dies nicht bedacht,
Die Zeit umzukehren, dazu fehlt ihm die Macht.

Jetzt schmerzen Gedanken, was er versäumte,
Dinge, von denen er manches Mal träumte.
Er hatte sein Leben für etwas gegeben,
Für das es nicht lohnte, dafür zu streben.

Einkehr ins Ich

Nach langer Wanderschaft, der Tag neigt sich dem Ende
Begeb' ich mich müd zu kurzer Rast.
Mach Abenteuer brachte manche Wende,
Bei vielen Menschen war ich gern zu Gast.

Doch braucht es auch mal diese Stille,
Die Einkehr in das eig'ne Ich.
Es setzt sich durch der eig'ne Wille,
Und denkt ganz kurz auch mal an sich.

Gestärkt aus diesen paar Minuten
Wie Stunden fühlten sie sich an.
Umschiffte Klippen wie Kanuten
Und hatte keine Chance vertan.

So brech' ich auf zu neuen Taten,
Frohgemut und ohne Reue.
Verlier' nicht meinen Lebensfaden
Und gehe meinen Weg aufs Neue.

Mein Leben

Hab nicht um mein Leben gebeten
Und doch ist es wunderschön.
Muss Trauer empfinden, darf Freude erleben,
Mein Leben - Es soll niemals vergehen.

Schlägt das Schicksal auch erbarmungslos zu,
Wart ich geduldig auf bessere Zeiten.
Bald komm ich dann wieder zur Ruh,
Werde an neuem Glück mich dann weiden.

Nach all den Jahren auf Erden,
Unwissend wie alles geschah,
Bin ich dankbar für mein Werden,
War meinen Liebsten doch immer so nah.

Stille

Merkwürdig und fremd, die unheimliche Stille,
Man hört nicht mal das Zirpen der Grille.
Abseits der Welt alleine im Raum,
Befinde ich mich wie in einem seltsamen Traum.

Die Stille verbindet Seele, Körper und Geist,
Hatte die Tiefen des Daseins noch niemals bereist.
Ich durfte erfahren, was wesentlich ist,
Wie abenteuerlich doch das loslassen ist.

Von Alltagssorgen befreit und mit mir allein
Nahm ich mich selbst in Augenschein.
Die Ruhe in mir, sie verlieh mir viel Kraft,
Habe Ideen entwickelt, kreatives geschafft.

Verschlungen Pfade   *Georg Gumpp*

Hinter der Maske

Ein Elfchen

Tränen
Lautloser Schrei
Staubkorn im Granulat
Treibsand ins irdische Nichts
Hilfe

Ein Zweites

Panik
Hilflos ausgeliefert
Von Entsetzen gepackt
Die Seele schreit lautlos
Stille

Härte

Hart erschien er in jenen Tagen,
Voller Kraft und unnahbar.
Allen schien er unbesiegbar,
Niemand stellte Fragen.

Viele wünschten sich wie er zu sein.
Er schien so stark und so verschieden.
Die Nähe zu ihm hat man vermieden,
Die meiste Zeit war er allein.

Irgendwann war er verschwunden,
Wie konnte das nur sein?
Niemand wusste einen Reim,
Fragen wurden unterbunden.

Man fand ihn tot in einem Wald,
Erhängt an einem Baum.
Unweit seines Hauses Zaun,
Und sein Körper war schon kalt.

Seine Härte war nur eine Mauer,
Zu sehr verletzt war seine Seele.
Kein Wort entfuhr einst seiner Kehle,
Doch der Schutz war nicht von Dauer.

So ahnte keiner was geschehen.
Ein Schutzwall war nur seine Härte,
Der ihn vor Schmerzen schützen sollte,
In seinem doch so kurzen Leben.

So viele Fragen blieben offen,
Denn keiner hat ihn so gekannt,
Und keiner die Gefahr gebannt.
Wie hat die Welt ihn doch getroffen!

Der Clown

Die Kinder, sie lachen, wollen Ihren Augen nicht trau'n,
Es beglückt sie in Höchstform – Siggi, der Clown.
Und bringt sie zum Lachen, zum Toben, zum Schrei'n,
Ja, alle im Zelt würden gerne so sein.

Die Show ist vorbei, der Vorhang, er fällt,
Aus dem Rausch nun erwacht, der Raum sich erhellt.
Die Kinder erbitten, lasst uns doch zu ihm geh'n,
Wir möchten so gerne den Clown nochmal sehn.

Von Herzen ergriffen, schwenken die Eltern doch ein,
Dort in dem Wagen, dort müsste er sein.
Wahrscheinlich erschöpft, sicher glücklich im Herzen,
er schenkte uns Freude, mit all seinen Scherzen.

An seinem Wagen, wie es sich gehört,
wird sanft angeklopft - hat er's überhört?
Kein Ton, keine Antwort, dann trat einer ein,
Und draußen, da hörte man nur noch sein Schrei'n.

Die Kinder verstummten, was war da geschehn?,
was hat denn der Mann so Schlimmes gesehen?
Blass trat er heraus, zitternd und matt,
In seiner Hand nur ein einziges Blatt:

„Habe versucht Euch die Freude zu geben,

die ich nie bekam - in meinem Leben,

erfuhr die Liebe leider nur noch im Traum,

lebt wohl ohne mich, Eurer Siggi – der Clown."

Ausgegrenzt

Dein Blick, er huscht an mir vorbei,
Starrt unbeteiligt durch den Raum.
Ich bin Dir anscheinend einerlei,
Bemerkst Du mich? – Wohl kaum.

Ein Dritter nähert sich dem Bunde,
Schon hellt sich auf Geist und Gemüt.
Fröhlichkeit macht jetzt dir Runde,
Um mich habt Ihr Euch nicht bemüht.

Doch manchmal stell ich ein paar Fragen,
Auch manche Antwort stellt sich ein,
Im Grunde wollt ihr mir nichts sagen,
So bleib ich unter Euch – Allein.

Schon lange wollt Ihr nichts mehr wissen ,
Von dem was ich Euch sag.
Ihr werdet mich ja nicht vermissen,
Drum bleibt auch weg von meinem Grab.

Doch gleichwohl nehme ich den Satz zurück,
den ich zuletzt geschrieben.
Ihr ward und seid und bleibt mein Glück,
Bin ich auch der einst verschieden.

Abseits

Abseits stehen - bleischwer sind die Gefühle,
Vernommene Stimmen, sie klingen samt an Dir vorbei
Verharrst im Stummen, doch mahlt sie diese Mühle,
Was hartgesotten war wird Brei.

Noch immer scheint dir dieses Treiben
Im Grunde einerlei zu sein.
Doch wird schon bald es an dir reiben,
Wirst gelassen nur zum Schein.

Aus dem Kreise willkürlich entlassen,
Stehst außerhalb des Weltenkreis'.
Hättst ihn von selbst niemals verlassen,
Dennoch bezahlst du diesen Preis.

Untergang

Aus dem Traum erwacht
War in Watte gebettet
In jener Nacht
Hätt ich um alles gewettet

Dass es Dich gibt
Die mich errettet
Hab Dich verzweifelt geliebt
Hättst mir die Narben geglättet

Doch Du warst nicht da
Warst nur ne Fata Morgana
War dem Himmel so nah
War nur ein Schlachtfeld da

Ich habe erkannt
Alles verloren
Keine Gefahren gebannt
Aus der Hölle geboren

Sind all meine Schmerzen Hab an Dich geglaubt
Ist mein Untergang   Meine Seele verpfändet
Blutende Herzen   Meines Verstandes beraubt
Voller Angst und Bang   Leidvoll verendet

Segelboot   *Georg Gumpp*

Momentaufnahmen

Morgengedanken

Noch herrscht Ruhe auf weiten Fluren,
Das Licht bricht schwach sich seine Bahn
Langsam erwacht die Natur, sie kennt keine Uhren
Der Nebel dicht, es liegt Tau auf dem Farn.

Der Morgen entlässt die Nacht, hoppelnde Hasen
Das Leben erwacht, es sind Rehe in Sicht
Und Stau in der U-Bahn, Menschen werden zu
                                    Massen,
Sie erkennen den Sinn des Lebens nicht.

Kleines Feuer

Kleines Feuer –
Wie Du loderst, Deine Flamme so zart.
Helles Licht, das Du schon zu verbreiten vermagst.
Noch so klein und doch erwärmst Du mein Herz
Wie die Sonnenstrahlen die Erde im März.

Kleines Feuer –
Bist noch so jung und klein auf der Welt,
Richtest Dich erst ein unter dem Himmelszelt.
Wirst noch wachsen und reifen in langer Zeit,
Und weiter erstrahlen in voller Schönheit.

Kleines Feuer –
Bald schon bin ich nicht mehr,
Werde Dich vermissen so sehr.
Ist mein Stern erloschen, strahlt Deiner noch lang,
Wirst leben in Freude, um Dir ist mir nicht bang.

Regentropfen

Regentropfen trommeln leise an die Fensterbank,
Der trübe Tag verlangsamt all das Treiben.
Verleitet manchen Dichter jetzt zum Schreiben,
Er holt die Feder aus dem Schrank.

Und hört ganz leise dann im Hintergrund
Die sanften Töne von Satie,
Die er so gehört noch nie,
Wie zarte Worte aus lieblichem Mund.

Besinnlich sind die nächsten Stunden,
Die Einkehr in das eigene ich,
Gedanken werden wesentlich
Und werden das Gedicht umrunden.

Fußball

Angespannt mit starrem Blick,
Ewig währt der Augenblick.
Sind es doch nur noch Minuten,
Lassen Stunden sich vermuten.

Das Herz, es schlägt schon aufgeregt,
Beine zittern sehr erregt.
Ein Pfiff kommt der Erlösung gleich,
Auf der Tribüne sitzt der Scheich.

Es folgen Pässe, folgen Flanken,
Um Spieler sich Legenden ranken.
Ein böses Foul, ein toller Trick,
Manchmal Pech und manchmal Glück.

Und fällt dann endlich mal ein Tor,
Dann grölt das Stadion im Chor.
Des einen Freud, des andern Leid,
Es wächst die Häme, wächst der Neid.

Manches Wort und manche Gesten
Dienen nur um zu verletzen,
Doch wieviel Geld ist es denn wert,
Dass sich Leidenschaft in Hass verkehrt.

Sonnenstrahlen

Die ersten Strahlen nach dunklen Tagen,
Sie die Seele erwärmen, die Trauer verjagen,
Und Freude hält Einkehr ins Ich.

Vorbei sind die vielen verzweifelten Fragen,
Deren Wehklag eine Antwort versagen,
Man spürt wieder Aufbruch in sich.

Mondlicht

Es neigt sich zur Nacht, der Mond scheint nun hell,
Es begibt sich zur Ruhe der Tag war so grell.
Die Kühe auf der Weide nun nicht mehr grasen,
Still und verlassen sieht man den Rasen.

Noch letzte Geräusche dort drüben vom Wald,
Der Laut eines Tieres schon bald verhallt.
Mit Beethovens Sonate ganz zart in den Ohren
Geht der scheidende Tag im Schlafe verloren.

Sternenglitzer

Wenn die Sterne glitzern am Firmament,
Man an strahlende Kinderaugen denkt.
Wie fern ist sie schon, ach wie weit,
Die ehemals so schöne, doch vergangene Zeit

Als die Sternschnuppenbarbie die Tochter entzückte,
Und den Sohn man mit einer Ritterburg beglückte,
wurden in seliger Eintracht viele Stunden verbracht,
jetzt an die Einzigartigkeit dieser Momente gedacht.

Weihnacht   *Georg Gumpp*

Verschiedenes

Tageslauf

Friedlich ist die Welt schlaftrunken,
Erwacht nur langsam und bedacht.
Die frische Luft am frühen Morgen,
Filtert Gedanken leicht und sacht.

Am Höhepunkt zur Mittagszeit,
Ein jeder voller Tatendrang.
Die Tagesziele fast erreicht,
Glänzt mancher fast im Überschwang

Am Abend zieht man gern Bilanz
Und spricht über des Tages Lauf.
Hört sich an die Resonanz
Und fühlt sich gerne oben auf.

Des Nachts kehren Gedanken ein:
Was war es, das nur mich betraf?
Ein jeder macht sich seinen Reim
Und findet geruhsam seinen Schlaf.

Im Lauf des Jahres

Neujahrswünsche ganz von Herzen,
Der Schneemann grüßt von nah und fern.
Die Kinder freuen sich und scherzen,
Die Kirche folgt dem Morgenstern.
Die Kälte gibt den letzten Schliff,
Januar hat uns fest im Griff.

Schneeglöckchen stecken ihre Köpfe raus,
Die Eiszapfen an den Dächern tauen.
Der Fasching treibt die Geister aus,
St. Valentin beschenkt die Frauen.
Verrückt erscheint das allseits Treiben,
Am Februar kann man sich reiben.

Bald wird es wärmer, noch ist es kalt,
Doch schmilzt der Schnee schon allenthalben.
Feucht sind Auen und Asphalt,
schon fliegen ein die ersten Schwalben.
bauen sich Nester stark und fein,
Im März da zieht der Frühling ein.

Österlich ist nun die Zeit,
Uns Wetterwechsel stets begleiten.
Die Auferstehung ist so weit,
Freudig wir zur Kirche schreiten.
Der Hase bringt Geschenk und Eier,
Im April da brennt das Osterfeuer.

Endgültig kehrt das Leben ein,
Der Maibaum wird nun aufgestellt.
Die Jugend macht sich zum Tanze fein,
Niemand ist auf sich allein gestellt.
Paare schreiten zur Heirat allerorten,
Den Mai verzieren Hochzeitstorten.

Auf geht sie Saat, der Lenz verschwindet,
Und Sommer kehrt im Lande ein.
Ein jeder Mensch jetzt wohl empfindet,
Die Lebensfreude stellt sich ein.
Froh zieht ein jeder seine Bahnen,
Der Juni lässt schöne Zeiten ahnen.

Ein jeder steckt voll Energie ,
Und strotzt nur so von Kräften.
Als wirke auf uns wie Magie,
Die Zauberkraft von Säften.
Bald ist für alle es soweit,
Im Juli winkt die Ferienzeit.

Die Hitze übernimmt nun ganz das Zepter,
Kein Lüftchen mehr über dem See.
Man schleppt sich noch die letzten Meter,
Hinein geht's in den Baggersee.
Und gönnt sich nun verdiente Rast,
Der August schenkt Pause von der Alltagslast.

Kürzer werden nun die Tage,
Der Bauer fährt die Ernte ein.
Man spürt es schon, wenn auch nur vage,
Bald schon stellt der Herbst sich ein.
Sind die Gefühle noch im Überschwang,
Bereitet September sanft den Übergang.

Wein gekeltert aus reifen Trauben ,
Rübengeister zieren Zaun und Steg.
Manch Einkehr wir uns erlauben,
Zur Ruhe führt nun unser Weg.
Kultur genießen und Wein man trinkt,
Golden uns der Oktober winkt.

Düster wie in einer Sage
Zieht Nebel über weite Flur.
Kürzer werden nun die Tage,
Vom herbstlich Treiben keine Spur.
Tage beginnen zu erkalten,
November lässt die Schwermut walten.

Erster Schnee bedeckt die Felder,
Das Holz, es ist schon längst gehackt.
Die Spur der Rehe in den Wäldern,
Die Schlitten werden ausgepackt.
Fürs Christkind ist es bald soweit,
Dezember ist die Weihnachtszeit.

Elemente

Feuer, Du Quell des irdischen Lichts,
Von Dir erwärmt fehlt in der Kälte uns nichts.
Du bist Energie, für Dich gibt's keinen Ersatz,
Deshalb hüten wir Dich wie einen besonderen Schatz.

Wasser, ohne Dich gäb's kein Leben,
Von Dir getragen können wir überleben.
Dich gilt es zu schützen, Du kostbares Gut,
Sei unser Bestreben mit Weisheit und Mut.

Erde, Du Boden auf dem wir stehen,
Von Dir gehalten, wohin wir auch gehen.
Versorgt alles Leben auf deinen Feldern,
auf deinen Wiesen und auch deinen Wäldern.

Luft, die wir atmen, streichst sanft durch den Strauch,
Von Dir bewegt spüren wir Deinen Hauch.
Du bist nicht Nichts, sondern verbindest die Welt,
Bestandteil des Lebens, nur das allein zählt.

Die Planeten (in Gedanken an Gustav Holst)

Die Sonne schenkt uns aller Leben,
Pflanzen ihr entgegenstreben.
Versorgt mit Energie die Welt,
Und wärmt uns wie ein Beduinenzelt.

Der Merkur steht für die Methodik,
Für Sprache und für den Verstand.
Bedient sich der Sinne und der Logik,
Lotet sie aus bis an den Rand.

Die Venus steht für den Genuss,
Für Schönheit, Frieden, Harmonie.
Für den einen ist's der zarte Kuss,
Für den anderen ist's die Symphonie.

Die Erde, der Planet der Menschen,
Wie leuchtet es, sein schönes Blau.
Gebiert allgegenwärtig Leben,
In seinem Spektrum zart bis rau.

Der Mond zieht einsam seine Bahn,
Umkreist die Erde Tag für Tag.
Das innere Kind, das steht ihm an,
Was unbewusst auch kommen mag.

Der Mars scheint dann der starke Krieger,
Bedarf des Kampfes um zu sein.
Doch bleibt er im Angemess'nen Sieger,
findet er sich wieder ein.

Jupiter kennt keine Grenzen, ist oft zügellos,
Zeigt sich im Guten, zeigt sich auch böse.
Manchmal prahlend, manchmal famos,
Erscheint er suspekt doch bald auch mit Größe.

Saturn geht Dingen auf den Grund,
Und duldet wenig Toleranz.
Um seinen Körper im Verbund,
Leuchtet sein Ring als Strahlenkranz.

Uranus scheint unnahbar,
Als Magier oder Joker.
Er ist meist unberechenbar,
Mit ihm ist's wie beim Poker.

Neptun - mystisch Dein Gebiet,
Löst Körperliches gerne auf.
Mal Suggestion, mal Empathie,
Fängt erst nach tiefem Sturz uns wieder auf.

Pluto vernichtet und erschafft sich wieder,
Deckt auf was im Verborgenen liegt.
Bist im Verbund der triebhafte Spieler,
Dramatisch, wann Macht, wann die Ohnmacht siegt.

Sternzeichen

Unabhängig und freundlich und nett
Passt seine Freiheitsliebe in kein Korsett.
Für seine Sturheit er sich niemals entschuldigt,
Doch schenkt der **Wassermann** seine Gust, der ihm
huldigt.

Oft sind sie verschlossen doch kommt es drauf an
Ziehen Ihre Worte den Hören in Bann.
Dann sind sie voll Eifer und überaus kreativ,
Die Weisheit der **Fische** spürt man intuitiv.

Selbstbewusst, geradeheraus ist er sehr impulsiv,
Doch fehlgelenkt in seinem Tun wird er schnell aggressiv.
Und wenn im Lauf des Lebens Hindernisse sich aufbäumen,
Von Tatendrang beseelt weiß der **Widder** sie stets
wegzuräumen

Er beschützend seine Nächsten treu und verlässlich
Und bleibt auf dem Boden genügsam und herzlich.
Doch Überzeugt von seiner Meinung bleibt er stur,
Eine Diskussion mit dem **Stier** ist manchmal Tortur.

Intelligent und wissbegierig, Debatten immer zugeneigt,
Seine Argumente überzeugen, zum Vermitteln stets bereit.
Sind sie auch manchmal voller Spannung und erscheinen
ruhelos,
Die Liebenswürdigkeit des **Zwillings** schätzen alle ganz
famos.

Gutmütig und stets hilfsbereit
Hält er zu Dir auch in schwerer Zeit.
Obwohl er leicht ist zu verletzen,
Kann der **Krebs** auch manchen Hieb versetzen.

Großzügig ist er und charmant,
Fühlt sich oftmal doch verkannt.
Aufrichtig treu und nicht zum Schein,
Doch bewundert will der **Löwe** sein.

Mit Ordnungssinn und mit System
Macht sie es sich niemals bequem.
Auch wenn sie sich kann vergaloppieren,
Die **Jungfrau** ist geneigt zu kritisieren.

Gerechtigkeit und Wahrheitsliebe
Sind in ihrem Leben Triebe.
Trotz Leichtsinn und auch Eitelkeit,
Die **Waage** überzeugt durch Freundlichkeit

Gefühlvoll, verlässtlich und ehrlich bestrebt,
Doch wehe dem, der ihn hintergeht.
Er spürt deinen Hass ein Leben lang,
Des **Skorpions** Stachel ihn vernichten kann.

Unternehmensdrang und reiselustig,
Sein Optimismus geht niemals verlustig.
Ist sein Sarkasmus manchem nicht geheuer,
Seine Freiheit ist dem **Schützen** lieb und teuer.

Sein starker Drang nach Sicherheit lässt Berge ihn
versetzen,
Er will nur für sich selbst bestehen, doch kann man ihn
verletzen.
Sein Misstrauen ist stark ausgeprägt, kontaktarm ist sein
Leben,
Der **Steinbock** kapselt sich schnell ab, kann Einsamkeit
erleben.

Temperamente

Der Sanguiniker ist lebhaft und heiter,
Sein unstetes Leben führt ihn immer weiter.
Seine Leichtsinnigkeit auf Optimismus basiert,
Ist er emotional stabil und extravertiert.

Des Melancholikers Schwermut scheint unermesslich,
Seine Selbstbeherrschung macht ihn verlässlich.
Seine Trübsal auch auf Misstrauen basiert,
Ist er emotional labil und introvertiert.

Der Phlegmatiker ist friedlich und träge,
Geht oftmals die einfachsten Wege.
Auf einem Extrem des Zuwenig basiert,
Ist er emotional stabil und introvertiert.

Der Choleriker ist leicht erregbar und unausgeglichen,
Wird oftmals von Wutanfällen und Jähzorn beschlichen.
Seine Entschlusskraft auf Willensstärke basiert,
Ist er emotional labil und extravertiert.